El movimiento por el sufragio femenino =

SpanJ 324.623 Metz   **33210011317340**

EL MOVIMIENTO POR EL SUFRAGIO FEMENINO
THE WOMEN'S SUFFRAGE MOVEMENT

Lorijo Metz

Adapted by Nathalie Beullens-Maoui

Traducción al español: Christina Green

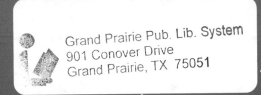
PowerKiDS press

New York

Dedicated to my mother, Barbara Rush, who always encouraged me to be more!

Published in 2014 by The Rosen Publishing Group, Inc.
29 East 21st Street, New York, NY 10010

Copyright © 2014 by The Rosen Publishing Group, Inc.

First Edition

Editor: Amelie von Zumbusch
Book Design: Colleen Bialecki
Photo Research: Katie Stryker

Traducción al español: Christina Green

Photo Credits: Cover, p. 7 Stock Montage/Contributor/Archive Photos/Getty Images; p. 4 Hill Street Studios/Blend Images/Getty Images; p. 5 Time & Life Pictures/Contributor/Getty Images; p. 6 MPI/Stringer/Archive Photos/ Getty Images; p. 8 Dennis Macdonald/Photolibrary/Getty Images; pp. 9, 13 (top) Library of Congress Prints and Photographs Division Washington, D.C., p. 10 Jeffrey M. Frank/Shutterstock.com; p. 12 Thomas Waterman Wood/ The Bridgeman Art Library/Getty Images; pp. 13 (bottom), 19 Underwood Archives/Contributor/Archive Photos/Getty Images; pp. 14, 15 Portrait of Susan B. Anthony and Elizabeth Cady Stanton by Robert Shetterly. © Robert Shetterly / Americans Who Tell the Truth; p. 17 FPG/Staff/Archive Photos/Getty Images; p. 20 Steve Northup/Contributor/TIME & LIFE Images/Getty Images; p. 21 auremar/Shutterstock.com; p. 22 Hill Street Studios/Blend Images/Getty Images.

Library of Congress Cataloging-in-Publication Data

Metz, Lorijo.
 The women's suffrage movement = El movimiento por el sufragio femenino / by Lorijo Metz ; [translated by Christina Green]. — First edition.
     pages cm. — (Let's celebrate freedom! = ¡Celebremos la libertad!)
English and Spanish.
Includes index.
ISBN 978-1-4777-3250-2 (library)
1. Women–Suffrage—United States—History—Juvenile literature. I. Green, Christina, 1967– translator. II. Metz, Lorijo. Women's suffrage movement. III. Metz, Lorijo. Women's suffrage movement. Spanish IV. Title. V. Title: Movimiento por el sufragio femenino.
JK1896M47 2014
324.6'230973—dc23

2013022577

Websites: Due to the changing nature of Internet links, PowerKids Press has developed an online list of websites related to the subject of this book. This site is updated regularly. Please use this link to access the list: www.powerkidslinks.com/lcf/suff/

Manufactured in the United States of America

CPSIA Compliance Information: Batch # W14PK4: For Further Information contact Rosen Publishing, New York, New York at 1-800-237-9932

CONTENIDO

CONTENTS

EL INICIO DE UN MOVIMIENTO
THE START OF A MOVEMENT

En 1840, las estadounidenses Elizabeth Cady Stanton y Lucretia Mott se conocieron en la **Convención** Mundial en contra de la esclavitud en Londres. Ambas creían que la esclavitud era algo malo y querían compartir sus ideas sobre cómo **abolirla**. Se les prohibió a ambas participar en la convención porque eran mujeres.

In 1840, Americans Elizabeth Cady Stanton and Lucretia Mott met at the World Anti-Slavery **Convention** in London. Both believed that slavery was wrong, and wanted to share their ideas on **abolishing** it. Both were barred from taking part in the convention because they were women.

Hoy en día, el derecho al voto le da a la mujer estadounidense una voz en el gobierno.

Today, the right to vote gives American women a voice in government.

4

Lucretia Mott nació en Nantucket, Massachusetts, en 1793.
Pertenecía a la fe cuáquera y se convirtió en ministro en 1821.

Lucretia Mott was born in Nantucket, Massachusetts, in 1793. She
belonged to the Quaker faith and became a minister in 1821.

Stanton y Mott comenzaron a hablar de tener su propia
convención. Creían que las mujeres merecían tener los mismos
derechos que los hombres. Era hora de pelear por el **sufragio**
femenino. Ocho años después, realizaron la primera convención
de los derechos de la mujer en Seneca Falls, Nueva York.

Stanton and Mott began talking about holding their own convention.
They believed that women deserved the same rights as men. It was
time to fight for women's **suffrage**. Eight years later, they held
America's first women's rights convention in Seneca Falls, New York.

RECUERDEN A LAS DAMAS
REMEMBER THE LADIES

En el pasado, las mujeres estadounidenses tenían menos derechos. Las mujeres en los años 1700 no podían ser propietarias de terrenos ni votar. Se esperaba que se casaran, tuvieran muchos hijos y vivieran de acuerdo a las reglas de sus esposos.

In the past, American women had fewer rights. Women in the 1700s could not own land or vote. They were expected to marry, have large families, and live by their husbands' rules.

Además de cocinar y limpiar, las mujeres hacían artículos de uso diario, tales como mantequilla, ropa y jabón.

In addition to cooking and cleaning, women made everyday items like butter, clothing, and soap.

Entre 1775 y 1783, los hombres estadounidenses luchaban en la **revolución americana** para librarse del dominio británico. Durante esa época, además de sus propias labores, las mujeres cazaban para obtener alimento y administraban las granjas y los negocios. Después de la guerra, muchas mujeres se preguntaron por qué no podían tener los mismos derechos que los hombres.

Between 1775 and 1783, men were off fighting the **American Revolution** to break free of British rule. During this time, women, along with their own work, hunted for food and managed farms and businesses. After the war, many women wondered why they couldn't have the same rights as men.

En 1776, Abigail Adams escribió en una carta a su marido, John Adams: "Recuerden a las damas" y "no otorguen un poder tan ilimitado a los maridos".

In 1776, Abigail Adams wrote in a letter to her husband, John Adams: "Remember the ladies" and "do not put such unlimited power into the hands of the husbands."

7

LAS RAÍCES DE UN MOVIMIENTO
THE ROOTS OF A MOVEMENT

A comienzos del siglo 19, una creciente cantidad de mujeres se unió al movimiento abolicionista. Varias de ellas, tales como las hermanas Grimké, se convirtieron en líderes del movimiento. Mientras trabajaban por liberar a los esclavos, las mujeres comenzaron a darse cuenta de que su propia **condición** no era mucho mejor que la de ellos.

In the early nineteenth century, a growing number of women joined the abolitionist movement. Several, such as the Grimké sisters, became leaders in the movement. As they worked to free the slaves, women began to realize their own **condition** was not much better.

Esta estatua de Sojourner Truth está en Battle Creek, Michigan. Truth vivió en Battle Creek de 1867 hasta su muerte en 1883.

This statue of Sojourner Truth is in Battle Creek, Michigan. Truth lived in Battle Creek from 1867 until her death in 1883.

Las hermanas Sarah Grimké (izquierda) y Angelina Grimké Weld (derecha), fueron unas de las primeras mujeres en dar discursos en contra de la esclavitud.

Sisters Sarah Grimké (left) and Angelina Grimké Weld (right) were among the first women to give antislavery speeches.

Las abolicionistas, tales como Lucretia Mott, Susan B. Anthony y la antigua esclava Sojourner Truth se convirtieron en las primeras líderes en la lucha por los derechos de la mujer. En 1854, Truth dio su famoso discurso "¿Acaso no soy una mujer?" en Akron, Ohio, sobre los sufrimientos que padeció como esclava y como mujer.

Abolitionists, such as Lucretia Mott, Susan B. Anthony, and former slave Sojourner Truth became early leaders in the fight for women's rights. In 1854, Truth gave her famous "Ain't I a Woman?" speech in Akron, Ohio, about her sufferings as both a slave and a woman.

UNA IMPORTANTE CONVENCIÓN
AN IMPORTANT CONVENTION

En 1848, Stanton y Mott organizaron una convención en Seneca Falls, Nueva York, para hablar sobre los derechos de la mujer. Más de 300 personas, incluyendo 40 hombres, asistieron. El antiguo esclavo y famoso abolicionista Frederick Douglass habló para apoyar los derechos de la mujer.

Stanton y Mott crearon una lista de derechos que creían que la mujer debía tener, como el derecho al voto y el derecho a tener una carrera y educación. Se le llamó la Declaración de Sentimientos. La lista se basaba en la Declaración de Independencia, en la que los estadounidenses indicaban las razones por las que se separaban del dominio británico.

In 1848, Stanton and Mott organized a convention in Seneca Falls, New York, to talk about women's rights. More than 300 people, including 40 men, attended. Former slave and famous abolitionist Frederick Douglass spoke in support of women's rights.

Stanton and Mott created a list of rights they believed women should have, such as the right to vote and the rights to a career and education. It was called the D ents. They modeled it on the Declaration of Independence, in which the Americans listed their reasons for breaking away from British rule.

Esta es la casa de Elizabeth Cady Stanton en Seneca Falls, Nueva York. Hoy en día, es parte de un parque nacional histórico.

This is Elizabeth Cady Stanton's home in Seneca Falls, New York. Today it is part of a national historical park.

CRONOLOGÍA
TIMELINE

20 de junio de 1840
Elizabeth Cady Stanton y Lucretia Mott se conocen en la Convención Mundial contra la esclavitud.

June 20, 1840
Elizabeth Cady Stanton and Lucretia Mott meet at the World Anti-Slavery Convention.

19 y 20 de julio de 1848
La primera convención sobre los derechos de la mujer se realiza en Seneca Falls, Nueva York.

July 19–20, 1848
The first women's rights convention takes place in Seneca Falls, New York.

1840   1850   1860   1870   1880   1890   1900

10 de diciembre de 1869
Los legisladores del Territorio de Wyoming firman una ley para darle a la mujer el derecho al voto.

December 10, 1869
Lawmakers in Wyoming Territory sign a law giving women the right to vote.

30 de marzo de 1870
La Decimoquinta **Enmienda** otorga a los hombres afroamericanos el derecho al voto.

March 30, 1870
The Fifteenth **Amendment** grants African-American men the right to vote.

10 de junio de 1963
La Ley de Igualdad de Pagos hace ilegal que los empleadores le paguen a la mujer menos dinero por el mismo trabajo que al hombre.

June 10, 1963
The Equal Pay Act makes it illegal for employers to pay women less money for the same job as men.

3 de marzo de 1913
Al menos 5,000 mujeres marchan por la Avenida Pensilvania en Washington DC, en apoyo al sufragio femenino.

March 3, 1913
At least 5,000 women march down Pennsylvania Avenue in Washington, DC, in support of women's suffrage.

| 1910 | 1920 | 1930 | 1940 | 1950 | 1960 | 1970 |

26 de agosto de 1920
La Decimonovena Enmienda otorga a la mujer el derecho al voto.

August 26, 1920
The Nineteenth Amendment grants women the right to vote.

LÍDERES DEL MOVIMIENTO
LEADERS OF THE MOVEMENT

El movimiento del sufragio femenino tenía muchos líderes. En 1869, Elizabeth Cady Stanton y Susan B. Anthony formaron la Asociación Nacional del Sufragio Femenino, la cual se enfocaba en las elecciones nacionales. El mismo año, Lucy Stone y su esposo, Henry Blackwell formaron la Asociación Estadounidense del Sufragio Femenino, que promovía el derecho al voto a escala estatal y local.

The women's suffrage movement had many leaders. In 1869, Elizabeth Cady Stanton and Susan B. Anthony formed the National Woman Suffrage Association, which focused on national elections. The same year, Lucy Stone and her husband, Henry Blackwell, formed the American Woman Suffrage Association. It pushed for voting rights at state and local levels.

Se cree que Elizabeth Cady Stanton fue la principal autora de la Declaración de Sentimientos de la convención en Seneca Falls.

Elizabeth Cady Stanton is believed to have been the main writer of the Declaration of Sentiments from the convention in Seneca Falls.

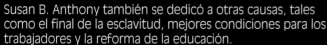

Susan B. Anthony también se dedicó a otras causas, tales como el final de la esclavitud, mejores condiciones para los trabajadores y la reforma de la educación.

Susan B. Anthony worked for several other causes as well, such as the end of slavery, better conditions for workers, and education reform.

En 1890, los grupos se unieron para formar la Asociación Nacional Estadounidense del Sufragio Femenino, o NAWSA. Cuando Carrie Chapman Catt se unió a NAWSA ese año, Wyoming era el único estado en el que las mujeres tenían **pleno sufragio**. El liderazgo de Catt les ayudó a obtener el derecho al voto en Colorado en 1894.

In 1890, the groups united to form the National American Woman Suffrage Association, or NAWSA. When Carrie Chapman Catt joined the NAWSA that same year, Wyoming was the only state in which women had **full suffrage**. Catt's leadership helped them win voting rights in Colorado in 1894.

Para 1896, las mujeres habían obtenido el sufragio en Wyoming, Colorado, Utah y Idaho. En 1909, Carrie Chapman Cott formó el Partido del Sufragio Femenino. Su objetivo era obtener el sufragio estado por estado. En 1911, las mujeres obtuvieron el derecho al voto en California, seguido de Kansas y Oregon en 1912.

By 1896, women had won full suffrage in Wyoming, Colorado, Utah, and Idaho. In 1909, Carrie Chapman Catt formed the Woman Suffrage Party. Their goal was to gain suffrage state by state. In 1911, women won voting rights in California, followed by Kansas and Oregon in 1912.

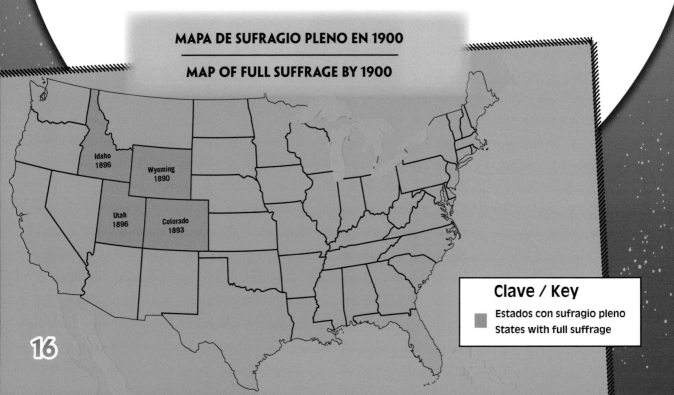

MAPA DE SUFRAGIO PLENO EN 1900

MAP OF FULL SUFFRAGE BY 1900

Idaho
1896

Wyoming
1890

Utah
1896

Colorado
1893

Clave / Key

Estados con sufragio pleno
States with full suffrage

El Congreso de los Estados Unidos tuvo su primer miembro femenino cuando el pueblo de Montana eligió a Jeannette Rankin a la Cámara de Representantes en 1916.

The US Congress got its first female member when the people of Montana elected Jeannette Rankin to the US House of Representatives in 1916.

Para 1917, 13 estados tenían sufragio pleno. En muchos otros estados, las mujeres habían obtenido **sufragio limitado**. Algunos estados, tales como Texas, siguieron rehusándose a darle cualquier derecho al voto a la mujer.

By 1917, 13 states had full suffrage. In many other states, women had gained **limited suffrage**. Some states, such as Texas, continued to refuse women any voting rights at all.

AL FIN
AT LONG LAST

El 3 de marzo de 1913, más de 5,000 sufragistas, o personas que trabajaron por el sufragio femenino, desfilaron por la Avenida Pensilvania en Washington, DC. Alece Paul, quien organizó el desfile, esperaba llamar la atención del Presidente Woodrow Wilson, y convencer al **Congreso** que aprobara una enmienda para darle a la mujer en todos los estados el derecho al voto.

Carrie Chapman Cott siguió trabajando estado por estado con la NAWSA, presionando a los miembros del Congreso para que aprobaran la enmienda. La Decimonovena Enmienda fue finalmente aprobada el 26 de agosto de 1920. ¡La mujer había obtenido el derecho al voto!

On March 3, 1913, more than 5,000 suffragists, or people who worked for women's suffrage, paraded down Pennsylvania Avenue in Washington, DC. Alice Paul, who planned the parade, hoped to gain the attention of President Woodrow Wilson and convince **Congress** to pass an amendment that would give women in every state full suffrage.

Carrie Chapman Catt continued to work state by state with the NAWSA, putting pressure on members of Congress to pass the amendment. The Nineteenth Amendment finally was adopted on August 26, 1920. Women had won the right to vote!

Estas mujeres votan en San Francisco, California, poco después de la aprobación de la Decimonovena Enmienda.

These women cast their votes in San Francisco, California, soon after the passage of the Nineteenth Amendment.

DEL SUFRAGIO AL FEMINISMO
FROM SUFFRAGE TO FEMINISM

Para 1920, la mujer gozaba de muchos de los derechos indicados en la Declaración de Sentimientos. Podía ser propietaria de terrenos, tener un trabajo e ir a la universidad. Aunque la mujer obtuvo muchos derechos, no siempre recibió un trato igualitario.

By 1920, women had many of the rights listed in the Declaration of Sentiments. They could own land, have jobs, and go to college. Though women had won many rights, they did not always receive equal treatment.

La Conferencia Nacional de la Mujer se realizó en Houston. Texas, en noviembre de 1977. Allí, se habló sobre cómo promover la igualdad entre hombres y mujeres.

The National Women's Conference took place in Houston, Texas, in November 1977. At it, people discussed how to promote equality between men and women.

Hoy en día, las mujeres hacen muchos trabajos que antes estaban abiertos sólo a los hombres.

Today, women do many jobs that were once open only to men.

En la década de los años 1960 y 1970, Gloria Steinem, Betty Friedan y otras **feministas** encabezaron la lucha por los derechos de la mujer. Sus esfuerzos hicieron que se aprobara la Ley de Igualdad de Pagos en 1963. La ley decía que los hombres y mujeres debían recibir el mismo pago por los mismos trabajos.

In the 1960s and 1970s, Gloria Steinem, Betty Friedan, and other **feminists** led the fight for women's rights. Their efforts saw the Equal Pay Act passed in 1963. It said that women and men must receive equal pay for the same jobs.

LA LUCHA CONTINÚA
THE FIGHT CONTINUES

Las mujeres de hoy en día son más poderosas pero siguen ganando menos dinero que los hombres. De los millones de estadounidenses que viven en la **pobreza**, más de la mitad son mujeres. Grupos como la Fundación Feminista de la Mayoría y la Organización Nacional para la Mujer continúan la lucha por los derechos de la mujer. Le recuerdan al mundo que, tal como lo dice la Declaración de Sentimientos, "todos los hombres y las mujeres son iguales".

Today's women are more powerful, but continue to make less money than men do. Of the millions of Americans who live in **poverty**, more than half are women. Groups like the Feminist Majority Foundation and the National Organization for Women continue the fight for women's rights. They remind the world that, as the Declaration of Sentiments stated, "all men and women are created equal."

Todos los estadounidenses deben estar agradecidos con las valientes mujeres que pelearon la larga batalla por el sufragio femenino.

All Americans can be grateful to the brave women who fought the long battle for women's suffrage.

GLOSARIO

abolirla (a-bo-LIR-la) Eliminarla.

condición (kon-di-siON) Forma en la que se encuentran las personas o las cosas.

Congreso (kon-GRE-so) Parte del gobierno de los Estados Unidos que hace las leyes.

convención (kon-ven-siON) Reunión para un propósito en especial.

Declaración de Independencia (de-kla-ra-siON de in-de-pen-DEN-sia) Anuncio oficial adoptado el 4 de julio de 1776 en el que los colonos estadounidenses indicaron estar libres del dominio británico.

enmienda (en-miEN-da) Adición o cambio a la Constitución.

feministas (fe-mi-NIS-tas) Gente que cree en la igualdad social del hombre y la mujer.

pobreza (po-BRE-sa) Condición de ser pobre.

revolución americana (re-vo-lu-siON a-me-ri-KA-na) Batallas que los soldados de las colonias pelearon contra Inglaterra para obtener la libertad, desde 1775 hasta 1783.

sufragio (su-FRA-gio) Derecho al voto.

sufragio limitado (su-FRA-gio li-mi-TA-do) Derecho al voto sólo en algunas elecciones.

sufragio pleno (su-FRA-gio PLE-no) Derecho al voto en todas las elecciones.

GLOSSARY

abolishing (uh-BAH-lish-ing) Doing away with.

amendment (uh-MEND-ment) An addition or a change to the Constitution.

American Revolution (uh-MER-uh-ken reh-vuh-LOO-shun) Battles that soldiers from the colonies fought against Britain for freedom, from 1775 to 1783.

condition (kun-DIH-shun) The way people or things are or the shape they are in.

Congress (KON-gres) The part of the US government that makes laws.

convention (kun-VEN-shun) A meeting for some special purpose.

Declaration of Independence (deh-kluh-RAY-shun UV in-duh-PEN-dints) An official announcement adopted on July 4, 1776, in which American colonists stated they were free of British rule.

feminists (FEH-mih-nists) People who believe in the social equality of men and women.

full suffrage (FUL SUH-frij) The right to vote in all elections.

limited suffrage (LIH-met-ed SUH-frij) The right to vote in only some elections.

poverty (PAH-ver-tee) The state of being poor.

suffrage (SUH-frij) The right of voting.

ÍNDICE

INDEX